Werner Wagner

Über den Tod

Allein Hoffnung macht Sinn

Bibliografische Information der Deutschen
Nationalbibliothek:
Die Deutsche Nationalbibliothek verzeichnet diese
Publikation
in der Deutschen Nationalbibliografie; detaillierte
bibliografische Daten sind im Internet über
http://dnb.dnb.de abrufbar.

© 2020 Werner Wagner
Herstellung und Verlag:
BoD – Books on Demand, Norderstedt

ISBN: 9783750441552

Inhaltsverzeichnis

Vorwort

Die Fragen nach Leben und Tod sind Fragen, die schon immer die Menschen bewegen. Die Kultur- und Religionsgeschichte und Philosophie zeugen von Entwicklungen, in denen Vergangenes wie Neues sich gegenseitig bedingen, manches verdrängen und anderes weiterwirken lassen bis heute. Will man die Religionsauffassung der Gegenwart in Bezug auf die zu erläuternden Fragen der Vergänglichkeit näher kennen lernen, so ist es ratsam, sich einen ungefähren Überblick über die Entstehungsgeschichte der Deutungen menschlichen Lebens und Sterbens zu verschaffen. Die folgenden Ausführungen sollen ein zu bedenkender Versuch sein.

Auch im Erkennen sind wir Pilger. Und bei aller religiösen Belehrung, bei allem vermeintlich sicheren Wissen und der Berufung auf eine Offenbarung bleibt der Mensch ein in die Wahrheit Einzuführender (Jh. 16,13). So entsteht Wissen aus der geistig verarbeiten Gegenwart und wird kulturelles Erbe.

Grundsätzliche Überlegungen zum Tod

Der Tod und alle Fragen, die sich für uns heute mit dem Tod stellen, haben eine lange Vorgeschichte.

Tut man alle Fragen nach dem Tod mit der Bemerkung ab, tot ist tot, dann ist eben nichts mehr, was soll dann noch das Gerede; so erklärt man Jahrtausende, in denen man kultisch wie auch besinnlich und denkend mit dem Tod umgegangen ist, als unaufgeklärt und versucht nicht die Fragen, die der Tod stellt, zu beantworten, sondern erklärt dieselben einfach für dümmlich. Ein solches Gerede spricht kommentarlos für sich.

Da Lebensfragen immer das Ganze des Menschseins betreffen, gehören die Fragen, die der heutige Mensch in und für sein eigenes Leben stellt, auch in eine weitere, grundsätzliche Betrachtung. Die Fragen und Erkenntnisse unserer Kulturgeschichte und die heutigen Existenzfragen bilden so eine Einheit, denn der Mensch der Ur- und Vorzeit ist in etwa derselbe geblieben.

Daneben gibt es für den Menschen lebensnotwendig zu beantwortende Sachfragen. Es sind gewöhnlich Fragen der Wissenschaft, die in Teilbereichen meist zu tieferen, praktikablen Erkenntnissen führen, denken wir nur an die Medizin.

Lebensfragen betreffen das Menschsein als solches. Dabei sieht sich der Mensch trotz und bei allen möglichen verschiedenen Erfahrungen als individuelle Einheit und somit als Ganzheit in einem größeren Zusammenhang. In Abgrenzung und in sich begriffen ist er Person, auch wenn das Wort selbstverständlich erst sehr spät gebraucht wurde.

Die Erkenntnisse über die frühesten Stadien der Evolution und Kulturgeschichte sind wichtig für die Einsicht in Lebensfragen und deren Beantwortung. Immer geht es dabei um das WIE des Lebens, das ein bewusstes, konkret individuelles Leben ist, und als solches ist es kulturell geprägt bis heute.

In dieser Kultur ist der Mensch ein durch seine für uns undurchsichtige Herkunft als Jäger und Sammler und die Zeit davor bestimmter und für die weitere Zukunft bestimmender Faktor. Die Zeiten, über die wir uns zu orientieren versuchen, umfassen Millionen von Jahren. Die Veränderungen können wir uns von den Ergebnissen her heute nur ausdenken. Von dieser den Menschen umgebende Welt mit ihrer hintergründigen Wirkmächtigkeit, die sich zeigte in Flora und Fauna, war der Mensch zunächst gänzlich abhängig. Die in die Naturvorgänge einwirkende Wirkmächtigkeit seines Tuns hat man später Magie genannt. Die Einheit auf dieser Kulturstufe soll zur Verdeutlichung im folgenden Schema dargestellt werden:

| Mensch | Lebenswelt | Welt-Macht | *in Einheit* |

Der Mensch, die Lebenswelt des Menschen und die Welt-Macht sind auf dieser Kulturstufe fast identisch oder gehören eng zusammen - Sie sind für eine Interpretation des Menschseins in ihrer Zusammengehörigkeit von entscheidender Bedeutung.

Gesamtheit besagt somit universale Wirklichkeit. In ihr ist der Mensch nur ein Teil, allerdings von ganz besonderer Bedeutung, was die weiteren Ausführungen verdeutlichen sollen.

Der Anfang des Ganzen, biblisch genannt Schöpfung, begegnet uns gewöhnlich in den Texten der Religionen. Sie bringen in die Vorgeschichte der Jäger und Sammler kaum erhellende Erkenntnisse. Da sie aus viel späterer Zeit stammen, vermögen sie das auch nicht, zumal sie auch nur ihre eigenen Zeitverhältnisse beschreiben, so in 1 Mose 1,1ff das Schöpfungsgedicht mit Gott/Elohim als Werkmeister, der sich von den anderen Göttern unterscheiden soll, und in 1 Mose 2,24 ff der Erzählung von Adam und Eva als erstem Menschenpaar mit seinen Existenzfragen, die das Zusammenleben, aber nicht das Sterben oder den Tod betreffen.

Da es uns um die Entwicklung der Struktur des Ganzen und der Erkenntnis der Weiterentwicklung in Bezug auf unsere Frage geht, sei das Folgende in der Zeit der Jäger und Sammler bedacht.

Die sich entwickelnde Transzendenzerkenntnis ist dabei so etwas wie ein Zielpunkt in unserem Fragehorizont. Ohne diese umfassende Sicht gerät Wesentliches nicht in den Blick.

Ich halte den Hinweis auf das Ganze , wie ich die Einheit der Faktoren als Lebenswelt des Menschen begreife, für wichtig, weil wir heute die Welt entweder mehr in der Disparatheit der Faktoren, die eine Isolation ist, begreifen oder den Faktor Gott dem der Immanenz opfern.

Für mich ist das vorläufige Ergebnis des Isolationismus oder Separationismus, der sich auf die heutige Beziehung Mensch-Welt auswirkt und hintergründig auch unsere Frage betrifft.

Der Horizont der Zukunft soll dann dem Ganzen eine sich von der Vergangenheit absetzende Sinnausrichtung zeigen. Gott und die Zukunft statt Gott und die Vergangenheit und Schöpfung. Zukunft statt Schöpfung ist vielleicht etwas neu und ungewohnt, aber gerade für unsere Frage hilfreich. Das soll später bedacht werden.

Das Werden der Welt im Zeitalter der Jäger und Sammler

Als früheste Stufe der Menschheitsgeschichte können wir nach heutiger Kenntnis die der Jäger und Sammler ansehen. Die Menschen dieser Zeit, die höchstwahrscheinlich viele Jahrtausende dauerte, waren völlig abhängig von dem, was ihnen die Pflanzen- und Tierwelt geboten hat. Diese das menschliche Leben ermöglichende Umwelt hat entschieden über Leben und Tod. Die Weltwirklichkeit wurde erfahren als bestimmt von der Übermacht (Welt-Macht). Dabei dürfte auch das Erleben des immer wieder sich erneuernden Naturgeschehens als unerklärliche Macht, der man sich beugt, zu einem das Leben tief beeindruckenden Verhalten geführt haben. Ein detaillierte Beschreibung dieser Kulturstufe ist im Hinblick auf unsere Frage nebensächlich, wenn es um das in der jeweiligen Kulturepoche Typische geht, das vielfach nur im weiteren Sinn einen Bezug zu unserem Thema hat. Hier ist es die hinter allem äußeren Naturgeschehen verborgene Lebensmacht. So hat der Mensch es zu tun mit der in der Vielfalt des Lebendigen sich zunächst zeigenden Vordergründigkeit. Dies waren die zu beobachtenden Geschehenabläufe. Hinter diesen sah man, was ohne Unterbrechung das Naturgeschehen in Fauna und Flora ermöglichte. Diese alles verursachende und auch alles Leben erhaltende Macht, erlebt der Mensch in seiner Abhängigkeit als allmächtig. Wichtig für unsere weiteren Fragen bleibt in dieser Weltbetrachtung die Sicht auf die alles begründende Hintergründigkeit (Lebens-Macht), die zu einem selbständigen Faktor der Kulturgeschichte wird.

Wie der Tod in dieser Epoche erfahren wurde, wissen wir nicht. Alles Lebendige stand unter der Erfahrung von Kommen und Gehen, so auch der Mensch durch Geburt und Tod.

Für die weitere Entwicklung ist zu bedenken des Menschen innere Erfahrung. Er sieht sich nicht nur wirkmächtig im Tun. Er wird sich auch seiner Wirkmächtigkeit seelisch bewusst. Er baut sich ein Bewusstsein seiner Selbst auf. Er erfährt im eigenen Tun gegenüber dem Naturgeschehen eine gewisse Besonderheit. Der Mensch hat sich, wie es scheint, erfahren als „machtbesessen".

Was für uns wie eine feststehende, schon immer vorhandene Struktur erscheint, hat sich im Laufe der Kulturentwicklung unter bestimmten Bedingungen als deren Auslöser erst aufgebaut. So ist, um Naturabläufe in eine bestimmte Richtung zu lenken, ein magisches Tun entstanden. Das in den Alpen um die Jahreswende beheimatete Scheibenschlagen mit feurigen, sich drehenden Holzplatten von den Bergen in und über die Täler , um die Sonne so beispielhaft herbeizuzwingen, erinnert an das magische Zeitalter. Entsprechende Bräuche bei Hochzeiten und Geburten werden ebenfalls zu Riten. So hat auch die Taufe eine Vorgeschichte. Tote hat man nicht einfach vergraben. Aus Grabfunden können wir schließen, sie wurden bestattet. Was das Besondere des Menschen war, wissen wir nicht, nur dass er als etwas Besonderes gesehen und behandelt wurde, können wir aus den Funden schließen.

Soweit wir uns den Menschen und seine Welt vorstellen können, bildeten er selbst, die ihn umgebende Natur wie auch das für Menschen wie Natur Hintergründige das Ganze.

Es ist wichtig, den Menschen in dieser Totalität als aktiven, das Ganze immer wieder verändernden Faktor zu begreifen. Das Ganze ist über die Jahrtausende als ein von ihm stark bestimmter Prozess zu deuten. Auf diese Weise kann vieles zeit- und sachgemäßer erklärt werden, als wenn alles zunächst prinzipiell statisch, und dann, weil manches hinzukommt, dynamisch gesehen wird.

Die Natur in ihrem Tages- und Jahresablauf dürfte in dieser Zeit einigermaßen konstant geblieben sein. Die Oberflächengestaltung der Erde sowie die Kontinentalverschiebungen spielen für unsere Frage keine Rolle. Wichtiger ist, dass der Mensch begann Nahrungsmittel anzubauen und Viehzucht zu treiben. So wurde die Zeit der Jäger und Sammler über viele Jahrtausende hin beendet. Und die Natur verlor nach und nach ihren besonderen Charakter, da sie, um Lebensmittel hervorzubringen, bearbeitet wurde. Die immanente Übermacht der Natur wurde, da sie das Ganze irgendwie begründend als übermächtig erlebt wurde, nach und nach als die Naturvorgänge zwar lenkend, aber diese übersteigend gesehen. So ist die in der Natur wirkende

Macht nicht eigentlich mehr primär im Naturgeschehen, sondern über diesem als oberste und letzte Ursache, die sichtbare Welt transzendierend, aber in dieser gleichzeitig als Ursache wirkend.

Da der Mensch sich schon am Anfang wie auch später als aktiver Faktor zeigt, hat er auf der Jäger- und Sammlerstufe in den Naturablauf eingegriffen, und zwar mit magischem Tun, um ein von ihm gewünschtes Ergebnis zu bekommen. Das ist der Ursprung der Riten, die bis heute die Religionen bestimmen. Eine wie auch immer geartete Übereinstimmung der Kulturfaktoren als Einheit dürfte, was sowohl den Tod wie auch das magische Tun für Alltagsbelange betrifft, bedeutsam sein. Wie wir aus Ausgrabungsfunden wissen, hat man Tote bestattet, sie also an die allmächtige Natur zurückgegeben. Für einen Kulturvergleich, der auch unsere spätere Fragen betrifft, nicht unwichtig.

Die Welt-Macht bleibt bei aller Aktivität des Menschen bestimmend. Diese Aktivität des Menschen ist relativ zu sehen, auch wenn sie die nächste Epoche einleitet.

Um sich das Ende des magischen Zeitalters einfach zu erklären, darf man sich vielleicht folgendes vorstellen: Man kann nicht wie selbstverständlich an „Objekten" (Ackerbau und Viehzucht), hantieren, wenn diese magisch aufgeladen sind, auch wenn man selbst ähnlich aufgeladen ist. Irgendwann ändern sich die Verhältnisse. Dem Menschen wird seine Eigenaktivität bewusst. Dann wird die Welt eine andere.

Es ist die Tätigkeit des Menschen, die den Umschwung herbeiführt.

Diese hier zu treffende Feststellung gilt für die weiteren Kulturepochen wie auch für die Geschichte überhaupt.

Festzuhalten für unseren Fragezusammenhang bleibt, im Laufe der Entwicklung der Jäger und Sammler beginnt eine gewisse Auseinanderentwicklung von Transzendenz und Immanenz.

Da diese Entwicklung die Veränderung des ganzen

„Kulturgefüges" betrifft, halte ich diesen „Einbruch" (geschehen in unübersehbaren Zeiträumen) für fundamentaler als die „Achsenzeit" (Jaspers), die nur eine Bewusstseinsveränderung beinhaltet.

Das Auseinandertreten von Transzendenz und Immanenz, das Aufsteigen der geheimen Lebenskraft über die Immanenz, hat das Andere der Materie aufscheinen lassen. Dieses Andere wurde im Laufe der Entwicklung Geist genannt. Ohne die Kennzeichnung der Transzendenz wie der menschlichen Innerlichkeit als Geist ist die Kulturgeschichte nicht verständlich. Deshalb würde ich gerne sagen, für den Menschen hat hier die Geburtsstunde des Geistes geschlagen, wenn dieser Prozess nicht Millionen von Jahren gedauert hätte.

Die Frage, „ist mit dem Tod alles aus?", betrifft die Transzendenz, deren geistige Existenz und Erkennbarkeit wird durch den Kulturwandel eingeleitet. Insofern bildet unsere Vorgeschichte mit ihrer Kultur ein zu bedenkender Faktor unserer heutigen Existenzfragen.

Die agrarische Epoche: Das Zeitalter der Hochkulturen

Die Einzelschritte vom vergangenen Zeitalter zum darauf folgenden werden übergangen, denn für unsere Frage geht es um das Typische der jeweiligen Epoche und nicht eigentlich um die einzelnen Schritte eines Werde-Prozesses.

Das agrarische Zeitalter schaffte die Grundlage für das Entstehen der Hochkulturen. Als Zentren entstanden Babylon, Ägypten, Persien, Israel und Griechenland.

Was diese Hochkulturen an Weltvorstellungen und Deutungen der Lebenswelt entwickelt haben, gehört zu den unabdingbaren Voraussetzungen der neuzeitlichen Kulturgeschichte, vor allem der westlichen Welt. Ein einziger kurzer Hinweis soll das verdeutlichen: Die drei monotheistischen Religionen des Westens entstanden im agrarischen Zeitalter. Aber auch die asiatischen sind in der Antike, also in dem fraglichen Zeitraum, entstanden. Was in späterer Zeit in Erscheinung tritt, sind Modifikationen der Tradition, nichts grundlegend Neues. Beurteilt man die Lage der Religionen heute, so kann man feststellen, dass sie sich in einem Wandlungsprozess befinden, da sich alte wie neue Glaubensformen nebeneinander zeigen, aber nicht sterben. Sterben können nur Organisationsformen, die immer zeitbedingt sind und deshalb auch eine Geschichte haben. Ein Weltverstehen in Form von Religion ist ein integraler Bestandteil menschlichen Lebens, besonders im kollektiven Verständnis. Ein Lebensverständnis als private Überzeugung ist dazu kein eigentlicher Widerspruch, mehr eine Bestätigung.

Was von den Hochkulturen vor allem unser Welt- und Lebensverständnis bestimmt, - vor allem was unsere Frage angeht - ist eine unter bestimmten historischen Bedingungen entstandene Einheit von griechischer Philosophie und biblischer Weltsicht.

In der Tradition der Bibel ist Jahwe der Gott der Geschichte, d.h. die im Kollektiven wie Individuellen bestimmende Macht. Diese Geschichte wird eingeleitet in der Schöpfungserzählung, die das Zeugnis des Bundes Gottes mit seinem Volk ist, denn er hat Israel eigentlich schon mit der Schöpfung erwählt. Dieser Bund wird erneuert am Sinai, wo er Israel Weisungen fürs Leben gibt, wie auch später mit David, dem er ebenfalls Weisungen gibt. Indirekt wird die Bedeutung des Gottesglaubens deutlich, wenn man bedenkt, dass die Gebote vom Sinai prägend sind für die ganze weitere Ethik-und Sozialgeschichte bis heute.

Jahwe hat Israel aus Ägypten geführt und ihm das Land Kanaan gegeben. Das alles ging nicht friedlich zu. Die Siegestaten dieser Zeit werden als Heilstaten besungen.

Nach der Zerstörung des Tempels durch Babylon 586 und dem anschließenden Exil soll ein neuer König kommen und dem Gott Israels die ihm gebührende Stellung als Haupt aller Völker sichern. In den Schriften des NT ist Gott - neben dem Menschen - das Thema schlechthin. Jesu Rede von Gott ist vor allem bestimmt von der Zusage der Nähe Gottes. Im Zeichen der Nähe Gottes hält er Mahl mit dem Volk wie auch mit Zöllnern und Sündern.

Im direkten Bezug aus unsere Frage ist zu sagen: Im AT finden sich Zeugnisse zur Unsterblichkeit des Menschen erst in späteren Texten, und da nur selten. Über Jahrhunderte ist die Frage nach dem, was ist jenseits des Todes, kein Thema. Dieses jetzige Leben ist von Gott, unter dessen Beistand lebt Israel als Glaubensgemeinschaft wie auch der einzelne Gläubige. Sie sollen sich an seine Weisungen halten und so ihre Zeit verbringen. Die obigen weit ausholenden Darlegungen sollen diese damalige, man könnte fast sagen immanente und im geläufigen Sinn wenig transzendente Weltsicht, die das biblische Zeitalter auf weite Strecken zeigt, verdeutlichen.

Der griechische Einfluss auf das biblische Denken wird leider unterschätzt oder bewusst nicht bedacht, um die eigenständige Wahrheitserkenntnis der Religion nicht in

Frage zu stellen. Die Religion ist ein sich fortentwickelnder Faktor der Geschichte, der zu neuen Einsichten führt, hier zu einer neuen Sicht des Menschen, wodurch das Jenseitige des Lebens neu gesehen wird. So setzt sich unter griechischem Einfluss in der biblischen Spätzeit der Glaube an ein Fortleben im Jenseits durch. In der Zeit nach Jesus werden diese Vorstellungen von Unsterblichkeit mit dem Weltgericht und der Auferstehung der Toten fortgeführt.

Bei Paulus geschieht die Auferstehung, - und das ist interessant, er ist ja schließlich griechisch gebildet, - nicht als einfache Wiederbelebung sondern als Verwandlung (1 Kor.15, 51-53). Daneben finden sich auch andere Vorstellungen, die aber den grundsätzlichen Glauben der Transzendenz nicht in Frage stellen.

Dass das Denken der Bibel nicht nur unter griechischen, sondern unter dem Einfluss anderer es umgebender Kulturen - vor allem der ägyptischen und babylonischen - entstanden ist, ist bekannt, trägt aber zu unserer Untersuchung wenig bei und wird deshalb nur kurz erwähnt. Wesentlich für unsere Frage ist das biblische wie auch griechische Denken, was für unsere ganze Kultur überhaupt gilt.

War für das biblische Denken die Geschichte der Ausgangspunkt, besser das Paradigma, so ist dies für das griechische Denken die Natur (physis).

Für unsere Frage ist bedeutsam, wie eine die spätjüdisch und früh- christlich bestimmende Glaubenslehre ihre eigentlichen Wurzeln in der griechischen Philosophie hat. Da die Griechen philosophisch allem, was ist, eine bestimmte Art zu sein zuschreiben, wird aus dem biblischen Lebenshauch als Lebensprinzip eine Geistseele. Von dieser Begriffsbestimmung ist in der ganzen westlichen Religionsgeschichte bis in unsere Tage, ob zu Recht oder nicht, die Rede. Ausgangspunkt ist hier die biblische Religionsgeschichte, aber der Inhalt, der unsere Frage betrifft, ist der geistige Seelenbegriff, der unserer

Glaubenslehre zugrunde liegt; er ist nicht biblisch, er ist philosophisch erdacht. Als Spiegel der griechischen Religion darf der Hymnus auf Zeus dienen:

Nichts kann ohne Dein Zutun, o Gott, geschehen auf Erden, Nichts im göttlichen Äther des Himmels, noch drunten im Meere.

Die Macht des Göttlichen wird als "Umfassen" und „Lenken" der Welt gedacht. So in der Zeit vor Sokrates. Hier ist die Menschenseele ein Stück von Gott.

Für Plato ist Gott die Idee des Guten und damit die Ursache alles Guten. In Bezug auf das ewig Seiende ist er allwissend. Der Kosmos als beseeltes Lebewesen ist gleichsam wahrnehmbarer Gott. Nach Aristoteles ist Gott das Prinzip, das den Himmel und alle Bewegung in Gang hält als unbewegter Beweger. Der Mensch soll das Göttliche als das Überlegene lieben, denn das Ziel aller Lebensvollzüge ist es, am Ewigen und Göttlichen teilzuhaben. Weiterhin sagt Aristoteles: Der Mensch muss sich bemühen unsterblich zu sein und nach dem Besten – das ist sein Geist – in ihm zu leben. Der Geist kann wie das Ewige vom Vergänglichen getrennt werden. Hier begegnet uns, was für das griechische Denken kennzeichnend ist, die Dichotomie von Leib und Seele.

Zu dem Gesagten gibt es auch einen gewissen Widerspruch, wenn es in der Stoa heißt, die Seele ist geworden und somit vergänglich. Nur Gott und die Physis sind unsterblich, auch wenn die Transzendenz in gewisser Weise immanent ist.

Bei aller Verschiedenheit der Deutung war die Transzendenz eine bleibende Größe. Und diese konnte nur geistig verstanden werden. Ohne all die Unterschiede in der griechischen Philosophie zu bedenken, darf man sagen, Gott ist vornehmlich die bestimmende Größe für all das, was man mit der Natur verbindet. In der Linie dieses Denkens entstand auch die Metaphysik, d.h. das Fragen nach dem, was in und hinter (meta) der Natur das ursächlich Bestimmende des DASS wie des WAS Seins ist.

Ganz in der griechischen Tradition stehend lesen wir bei dem Römer Cicero, alle Völker würden darin übereinstimmen, dass der Seelen Unsterblichkeit die Voraussetzung für das Gericht nach dem Tode ist. Die Gerichtserwartung hat die damaligen Menschen bewegt. Davon zeugt auch das NT.

Zusammenfassend lässt sich sagen: Die Antike sieht die Transzendenz (Gott oder die Idee) als letztlich entscheidenden Kulturfaktor in Natur und Geschichte.

Die Kulturstufe des agrarischen Zeitalters unterscheidet sich von dem der Jäger und Sammler durch einen vom Menschen durch seine Aktivität verursachte neue Konstellation. Der Mensch gewinnt eine zur letztlich bestimmenden Transzendenz relativ autonome Immanenzherrschaft.

Die Absolutheit oder Souveränität Gottes und die besondere Aufgabe des Menschen sind für das Zusammenwachsen von biblischer Überlieferung und dominierender Philosophie eine gute Basis. Die Transzendenz bleibt in ihrer Absolutheit (man denke an Platos Idee des Guten, des Einen, die beide nicht recht zu begreifen sind und an den aristotelischen Ersten Beweger) gewahrt. Unterschied besteht in den Funktionen in Natur und Geschichte.

Deshalb können Gott und Idee trotz mancher Unterschiede gleichgesetzt werde. Die Dimension des Geistigen, Gott und das Verständnis des Menschen als von der Geistseele bestimmt, dürfen u.a. als antikes philosophisches Erbe, da diese unseren Fragenhorizont umkreisen, angenommen werden.

Die kulturelle Einheit sowie Zuordnung der drei Faktoren Gott, Welt, Mensch zeigt das folgende Schema:

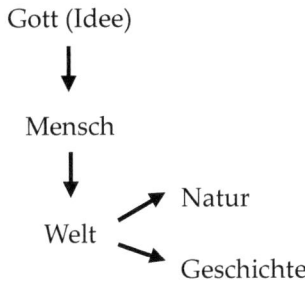

Gott ist die dominierende Größe; er lenkt den Menschen im Denken und Handeln und beherrscht die Welt in Natur (griechisch) und Geschichte (biblisch). Auch das weltliche Tun des Menschen in Natur und Geschichte wird mit den Pfeilen aufgezeigt.

Das ist in Kürze die grundsätzliche Struktur des antiken und mittelalterlichen Zeitalters, das sich in der Übergangszeit von Antike und Mittelalter durch gegenseitige Beeinflussungen herausgebildet hat.

An diesem Weltbild des agrarischen Zeitalters hat sich im Spätmittelalter, zu Beginn der Neuzeit wie auch in den danach folgenden Epochen der Neuzeit nichts geändert. Die Geistigkeit der Transzendenz oder Gott und das leiblich-seelische Bewusstsein, das ebenfalls geistig ist, sind die zwei Zentren, zwischen denen sich unser Denken bewegt. Sie sind wie Konstanten der weiteren Geschichte, an denen bei aller Vielfalt und vielleicht verwirrenden Veränderungen Wesentliches als Struktur des Seins und des Erkennens wie ein sich durchziehender roter Faden erhalten bleibt.

Die Zeiten der Spätantike um 500 und des Frühmittelalters bis 1000 zeichnen sich nicht durch ein besonderes Denken aus. Das beginnt erst nach der Jahrtausendwende. Die Dreiteilung der Welt war und blieb die konstante Größe.

Eine zentrale Frage dürfte die nach dem Unterschied von

Antike und Mittelalter sein. Sie betrifft auch unsere Frage, direkt und indirekt.

Das Mittelalter unterscheidet sich kulturgeschichtlich von der Antike dadurch, dass eine Neuinterpretation der biblischen Religion durch die Kirchen stattfindet. Hier spielt das paulinische Denken eine große Rolle. Fast alle diesbezüglichen Fragen betreffen auch unser Anliegen. Ein wesentlicher Teil des uns Betreffenden ist bereits gesagt. Der eigentliche Einfluss platonischen und vor allem aristotelischen Denkens beginnt mit der Scholastik. Am Weltbild des agrarischen Zeitalters ändert sich grundsätzlich nichts.

Ganz in der Linie des platonischen Denkens argumentiert Anselm von Canterbuy, der als Begründer der Scholastik gilt, um 1100, die Vernunft findet in sich selbst die Idee des denkbar höchsten Wesens. Existiert dieses Wesen nur im Denken der Vernunft, so ist es nicht das höchste Wesen, weil ein noch höheres gedacht werden könnte, nämlich eines, das dazu auch in der Wirklichkeit existiert. Also muss man, will man Gott angemessen begreifen, nämlich als das, worüber hinaus Größeres nicht gedacht werden kann, anerkennen, dass Gott in Wirklichkeit ist. Damit ist für alles weitere Denken der Gottesglaube für vernünftig erklärt.

Dass dieser Gott der Herr der Natur ist, ist für diese Zeit eine Selbstverständlichkeit. Das verdeutlichen die verschiedenen philosophisch-theologischen Darstellungen des Gottesglaubens, die von Grundstrukturen der Gesamtwirklichkeit ausgehen.

Auch für die Geschichte gilt: Gott ist oberster Lenker, zunächst der Kirche. Er beruft seine Diener. Er bestellt auch die Herrscher des Reiches. Jede in der Gesellschaft leitende Autorität kann sich auf ihn berufen. Das Gottesgnadentum findet erst 1918 ein Ende.

Das besonders herauszustellen, dass Gott die über allem stehende Wirklichkeit ist, ist deshalb wichtig, weil im weiteren Verlauf mittelalterlichen Denkens und überhaupt

Gott für alle weiteren Überlegungen, besonders für die Frage, was ist nach dem Tod, entscheidend ist.

Der Denker, der die Hochscholastik einleitet, ist Albertus Magnus. In Bezug auf die Seelenlehre erklärt er, die Seele ist die Form des Leibes. In sich selbst ist sie unkörperlicher Geist, der immer lebt.

Thomas von Aquin, sein Schüler, will die Annahme der Unsterblichkeit der menschlichen Seele argumentativ beweisen. Um das zu können, muss er die menschliche Seele von den Seelen anderer Lebewesen unterscheiden. Und das tut er hinlänglich. Dabei kommt er zu der Einsicht, die menschliche Seele nimmt eine Sonderstellung ein, die darin besteht, dass der menschliche Geist wesentlich aktiv ist. Damit steht er in der Linie des Aristoteles. Geist ist nicht Materie, die passiv ist auf Grund ihres Wesens. Zur geistigen Natur gehört wesentlich die Aktivität, die sich auch zeigt in der Spontaneität. Von daher ist die Seele geistig und so auch unsterblich. Mit der Berufung auf den aktiven Verstand verbindet Thomas aristotelische Philosophie mit dem biblischen Glauben an die Unsterblichkeit.

Ein ganz anderes Denken finden wir bei Meister Eckhart. Zwischen Gott und Seele besteht eine Einheit. Wie bei vielen Dingen auf einen Grund zurückgegangen wird, so haben auch die Seelenvermögen einen einfachen Grund. Im Grund der Seele, den er das „Fünklein" nennt, lässt sich die Einheit der Seele mit Gott erfassen. Diese Seele, die als individuelles Wesen geschaffen ist, ist im Grunde ewig, weil der Funke ungeschaffen ist. So strahlt das Göttliche in den Grund der Seele. Dieser Seelengrund (das Fünklein) ist eine Stätte, die nur für Gott empfänglich ist. Wenn die von Gott erleuchtete Seele erkennt und liebt, dann erkennt und liebt Gott in der Seele. Das Essen und Trinken der sakramentalen Elemente von Brot und Wein, das der folgende Mystiker Tauler (zwischen 1300 und 1360) in seinen Predigten anführt, bestätigen die Innigkeit der Beziehung. So lässt sich die Frage nach der Unsterblichkeit nicht sinnvoll stellen. Da man nach Selbstverständlichkeiten kaum fragt, habe ich keine speziellen Aussagen dazu gefunden.

Was von der Beziehung von Gott und der Seele sowie deren Unsterblichkeit geglaubt wurde, darf in gewandelten Formen fast für den ganzen Verlauf der Geschichte gelten. Ein Einbruch in diese Beziehung oder deren Ablehnung geschieht erst in der Zeit der Moderne; darüber später. Im Gedächtnis wollen wir als mehr oder weniger ausgeprägte Glaubensüberzeugung die Einheit festhalten:

Eine engere Beziehung zwischen Gott und der Seele wie in der dominikanischen Mystik anzunehmen, ist wohl kaum möglich. Da dieses Denken auch heute noch beeindruckt, sei es einfach nur kurz erwähnt.

Ganz anders wiederum ist das Gott-Denken bei Nikolaus von Kues. Nach ihm ist die Welt eine Entfaltung – explicatio – Gottes. Dann ist alles Endliche in Gott impliziert. So wird die Natur zu einer Erscheinung Gottes. Da sich die Welt nicht begrenzt denken lässt, gibt es in ihr keinen Mittelpunkt, auch keine supra- und keine sublunare Welt, wie auch keinen natürlichen Ort der Dinge, wie man zuvor seit Aristoteles gedacht hat. Das Sein Gottes wird nicht in Frage gestellt.

Die agrarische Welt ist nicht einheitlich. Sie hat verschiedene Prozesse durchgemacht, und die Frage nach dem Ersten oder Letzten, nach dem über alles Hinausgehenden, war entscheidend.

In Israel wird durch die Propheten, in Griechenland durch die Philosophie, die man als erste Aufklärung in der Kulturgeschichte bezeichnen darf, eine Wende erreicht. Die grundlegende Wende für das Ganze war die Trennung von Transzendenz und Immanenz. Ein deutliches Sich-Herausbilden der Kulturfaktoren wird man als notwendig ansehen dürfen. Karl Jaspers nimmt die biblische Entwicklungswende und die Entstehung der griechischen Philosophie als die entscheidende Kulturwende der Menschheit, die er Achsenzeit nennt, an; dabei werden auch die asiatischen Entwicklungen miteinbezogen. Dem möchte ich mit folgender Tatsache begegnen: die Entwicklungsstufe der folgenden Bewusstwerdung wäre nicht möglich gewesen ohne die vorherige und gleichzeitige Trennung von Transzendenz und Immanenz, die für das sich bildende Religionsbewusstsein eine Voraussetzung war. Wohl beginnen damit griechische und biblische Bewusstseinsentwicklung Bestandteil unsere Kulturzeit zu werden. Damit ist das auch ein fest untermauerter Bestandteil unserer Kultur, was das Sein nach dem Tode betrifft. Der Mensch ohne Gott ist nicht denkbar, was umgekehrt genau so gilt, und das im Leben und im Tod.

In Bezug auf unsere Frage des Seins nach dem Tode darf man mit Recht sagen, das agrarische Zeitalter kann überschrieben werden mit dem Satz: Gott schuf den Menschen nach seinem Bild und Gleichnis. Nach dem bisher Gesagten partizipiert er am „Leben Gottes" und kann deshalb unsterblich sein. Die Mystik hat in der Übergangszeit vom Mittelalter zur Neuzeit diese Teilhabe nochmals verlebendigt.

Die wissenschaftlich-technische Kulturepoche

Die Neuzeit wird eingeleitet durch eine Wende, die mit dem Übergang des Zeitalters der Jäger und Sammler zur agrarischen Kultur zu vergleichen ist. Die aus der Immanenz erwachsende Transzendenz wird zu einer absolut eigenständigen Größe, ohne die die weitere Kulturentwicklung nicht verstehbar ist.

Der Faktor Welt gewinnt als Natur und Geschichte eine völlig andere, bisher unbekannte Bedeutung. Mit der Natur eröffnet sich ein schier unendlicher Raum der Forschung, der in seiner Unendlichkeit uns vielleicht erst heute bewusst wird. Die Geschichte wird als Lebenswelt des Menschen in seiner Breite und Tiefe angegangen, wie man das in der Vergangenheit wohl kaum für möglich gehalten hat.

Zur Lebenswelt dürfen wir auch die anthropologischen, soziologischen, philosophischen und nicht nur verengt die historischen Wissenschaften rechnen. Die zentrale Bedeutung des Faktors Welt für den Menschen sollte einleitend beschrieben werden. Da die Welt in der anbrechenden Kulturepoche fast ausschließlich als Diesseits interessiert, wird die Transzendenz immer problematischer, und alles jenseits des Todes scheinbar oder anscheinend uninteressant.

Soweit die Überlegungen zum Verständnis der anbrechenden Neuzeit. Nun noch einige Bemerkungen zum Spätmittelalter.

Zwar gibt es in der unbegrenzten Welt nach Nikolaus von Kues (1401-1464) keinen Mittelpunkt, wie man zuvor gemeint hat. Aber der Mensch dieser Zeit beginnt, sich als Mittelpunkt zu sehen. Nach dem Humanisten Pico della Mirandola (1463-1494) stellte Gott ihn in einen Mittelpunkt besonderer Art und sprach zu ihm: "Weder als einen Himmlischen noch als einen Irdischen habe ich dich geschaffen und weder sterblich noch unsterblich dich gemacht, damit du wie ein Former und Bildner deiner selbst nach eigenem Belieben und aus eigener Macht zu der Gestalt dich ausbilden kannst, die du bevorzugst. Du kannst nach unten ins Tierische entarten, du kannst aus eigenem Willen wiedergeboren werden nach oben ins Göttliche."

Schon bei Meister Ekhart (1260-1327) geht es um die menschliche Individualität, die bei Cusanus durch Schöpferkraft, Freiheit und Spontaneität zu einer einmaligen, selbständigen Subjektivität weiterentwickelt wird. Aber das Ganze der kulturbildenden Faktoren bleibt als Einheit erhalten, damit es nicht in Zufall, Schicksal, Sinnlosigkeit und Willkür zerfällt. Für die beginnende Kulturepoche gilt: Der Mensch wird in seiner schöpferischen, freiheitlichen Individualität gesehen, wie bisher noch nicht.

So zeigt ihn die bildende Kunst in der Darstellung des

Portraits, auch die Literatur, die sich immer mehr für das „wirkliche Leben" interessiert. Das individuell Besondere beeindruckt. Der historische Hintergrund gehörte zum Zeittypischen der Biographie. Kurz gesagt: Das wirklich ge- und erlebte Leben wird als bewusstes dargestellt. Dazu gehört auch, dass die Landschaft, in der man lebt, entdeckt wird. Der Faktor Welt wird Lebensraum.

Nicht zu vergessen, die bisher im allgemeinen Bewusstsein vorhandene Scheibe der Welt wurde nach und nach zu einem Globus, zu unserer Welt, die man für sich in der Seefahrt eroberte, sowohl in Richtung Westen wie Osten und Süden wie Norden. Ein florierender Handel brachte Reichtum und ein besseres Leben. Das Erdenleben wurde bei aller noch vorhandenen Armut und dem Elend vieler dennoch für nicht wenige schöner. Der Lebensraum der Menschen, so darf man hier den Kulturfaktor Welt nennen, wurde gewichtiger und bedeutsamer als in der vergangenen Zeit. Das Leben bekommt mehr Eigenständigkeit. Der Faktor Welt gliedert sich in die Teilbereiche Natur und Geschichte, die auch eine eigenständige Bedeutung gewinnen. Die Denkweisen in beiden Teilbereichen sind zwar verschieden, sogar disparat, aber vom Menschen her verbinden sie sich und bestimmen Jahrhunderte.

Die Neuzeit wird eingeleitet als Kampf der Tradition gegen das Neue, als Gegnerschaft von Macht und Geist, als Beschränktheit gegen offenes Denken. Daraus wird später unter anderen Umständen die Gegnerschaft von Glauben und Wissen, auch von rationalem Atheismus und dümmlichem Glauben, am Ende von absoluter „Todesnichtigkeit" und Unsterblichkeitssehnsucht.

Das Weltbild der Neuzeit geht wie selbstverständlich aus von den drei Faktoren und stellt den Menschen in den Mittelpunkt. Er ist erkenntnismäßig und handelnd gegenüber der Welt aktiv. Das Erkennen Gottes ist ihm anheimgestellt. Gott hat gegenüber der Welt in Natur und Geschichte keine Funktion, denn diese werden, wie man häufig feststellen kann, unter dem Vorbehalt der Nichtigkeit des Göttlichen untersucht.

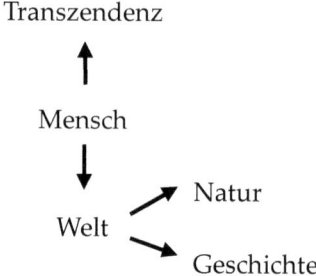

Die Pfeile verdeutlichen die Stellung, die in dieser Kulturepoche der Mensch aktiv gegenüber der Transzendenz wie Immanenz einnimmt.

Man darf nicht übersehen, die kulturbildenden Faktoren ändern sich inhaltlich, auch in ihrem Zusammenhang. So wird Gott in der Neuzeit gleichsam machtlos, der Mensch wird „übergewichtig" und die Welt gewinnt eine ganz neue Bedeutung, wie wenn es Gott nicht gäbe, so auf eine Formel gebracht (etsi deus non daretur). Was wirklich ist, ist damit längst nicht ausgemacht.

In der Zeit davor, d.h. im Mittelalter, hat man die innere wie äußere Beschaffenheit der Natur mehr oder weniger religiös oder aus der Unmittelbarkeit ihrer Abläufe, die man beobachtet und reflektiert hat, erklärt. Die gemachten Erfahrungen waren auf Grund ihrer Subjektivität natürlich mehrdeutig. In den verschiedenen Kulturen der Welt im Osten anders als im Westen. Die verschiedenen Religionen und Interpretationen der Welt dürfen wegen ihrer Divergenzen nicht abgetan werden; wegen ihrer Nachhaltigkeit erfordern sie ein Bedenken. Erkläre ich die sich anbahnende Sicht zur Wahrheitsfindung durch Experimente als einzigen Weg zur Wahrheitsfindung, so schließe ich die existenzielle Erfahrung aus. Die Weise der

Weltbegegnung des Menschen, wie sie Antike und Mittelalter zeigen, war zu einem großen Teil von existenzieller Erfahrung geprägt; diese wirkt verwandelt weiter. Nichts wiederholt sich in derselben Weise, wie es einmal war. Das sehen wir in der immer von Menschen gemachten Geschichte, in der die Gegebenheiten jeweils andere sind. Im Laufe der Neuzeit wird die experimentell-mathematisch erfahrbare Welt fast total isoliert, sodass Ihre Ergebnisse als die Wahrheit schlechthin erscheint; dabei ist die existenzielle Daseinsdeutung eigentlich die umfassende, da sie die Voraussetzung, die Begleitung und das Ende allen Tuns und Handelns wie auch allen Denkens ist.

Die existenziell erfahrbare Welt ist mir gegeben in der Art, wie ich die Lebenswelt angehe - zupackend, optimistisch, missmutig oder gleichgültig. Das gilt auch im Wissenschaftsbetrieb. Was löst ein Gelingen bei mir aus, wie werde ich mit dem Misslingen fertig? Kurz: Wie ich alle mich persönlich angehenden Fragen im Denken, Tun und Handeln beantworte. Das ist entscheidend, auch in einem letzten Bezug, den Glauben und Denken herstellen.

Das Alte in der Neuen Zeit

Die Neuzeit beginnt mit einer Fahrt auf mehreren Gleisen. Humanistisch, religiös-kirchlich und wissenschaftlich beginnt die Fahrt. Zwischen Humanismus und Theologie gibt es Verbindungen, aber zwischen der Reformation und der Wissenschaft tut sich ein Graben auf. So geht die Kirche mit ihrem Angebot einen anderen Weg als die beginnenden Wissenschaften, die von der Reformation nicht ernst genommen werden. Luther und sein Gefährte Melanchthon strotzten geradezu von Unkenntnis in den außertheologischen Wissenschaften. Seine Forderungen: Allein der Glaube, allein die Schrift, allein Christus stellen die Tradition als Glaubensansammlung von Dogmen der Kirche, aber nicht eigentlich die Transzendenz und den

Gauben als solchen in Frage. Neben dem sich kosmisch anbahnenden neuen Weltbild beantwortet der Kirchenglaube die wesentlichen Fragen des Lebens. Die Geistigkeit Gottes und die Unsterblichkeit der Seele stehen dabei jenseits aller Kritik.

Trotz der bekannten Auseinandersetzung zwischen Kirche und Galilei bleibt diese Doppelgleisigkeit von persönlichem Glauben und Wissenschaft bis zur Aufklärung erhalten.

Diese hat als Voraussetzung nicht nur die Naturwissenschaften, auch die Philosophie und wesentliche Elemente des Glauben, die vernünftig verstanden werden. Gott in seiner Einmaligkeit, die Freiheit des Menschen und die Unsterblichkeit der Seele können als gemeinsamer Grundzug der Aufklärung, der einsichtig gemacht wird, verstanden werden.

So kann man grob betrachtet die Lage von Religion und Welt in dieser Zeit wie folgt sehen:

Eine Schicht der Gesellschaft bleibt dem alten Glauben treu oder kehrt wieder zurück (Stichwort: Gegenreformation).

Ein erheblicher, weiterer Teil hält so sehr an der Reformation fest, dass sogar Lebensrisiken eingegangen werden.

Die Wissenschaften, die sich jenseits der Kirchen gebildet haben, gehen den Weg der Vernunft, der, wie man feststellen kann, allein in die Zukunft führt. Freiheit, Vernunft, Menschenrechte bestimmen das Denken so sehr, dass ein Jenseits dieser Rechte nur noch Unrecht ist. Der Glaube an ein Jenseits des Todes wird im Zusammenhang der Aufklärung höchstens am Rande geleugnet. Der Glaube in seiner ganzen Breite, der auch jegliche Weltanschauung einschließt, ist offen für alle Fragen, auch für solche der Unsterblichkeit. Diese Weite ist verständlich, da die meisten Mensch lieber irgendwie sind als überhaupt nicht mehr, und das vernünftige Bürgertum uneingeschränkte Toleranz verkündete.

Die Aufklärung - eine Bewusstseinswende

Symbole des Mittelalters sind Kathedralen sowie Ritterburgen und solche Deutscher Reichsgeschichte wie das Niederwalddenkmal und das Denkmal von Tannenberg. Diese Symbole sind handgreifliche Zeichen eines mehr oder weniger großen Einschnittes in die Geschichte, die man ja nach Zeitgeist auf Ausflügen Schülern erklärte. 'Das mittelalterliche Rittertum beherrschte etwa 500 Jahre die Einheit des Reiches von 1871, und die Entscheidungsschlacht von 1914 gegen Russland war im Sinne einer Wende bedeutsam.

Die eigentliche Wende in unserer Geschichte, wie ich sie sehe, betrifft das Bewusstsein, d.h. die Lebensgestaltung in einer neuen Denkform; diese wird nicht in sichtbaren Symbolen dokumentiert. Das Symbol ist rein geistig: Es ist die alles überstrahlende Vernunft. Da sie gleichsam die ganze Epoche erleuchtet und so kennzeichnet, heißt sie Aufklärung, franz. Lumière. Alles erscheint durch die Vernunft in einem neuen Licht. Das Symbol ist nicht sicht- und greifbar, es ist geistig. Von daher ist es einmal die Basis der neuen Sicht, die von vielem Unsinn befreit, aber auch sich selbst wie andere der Blindheit bezichtigen kann, wenn sie sich verkehrt.

Es ist nicht mein Vorhaben die ganze Aufklärung zu charakterisieren. Es geht mir darum, aufzuzeigen, wie diese sich im alltäglichen menschlichen Bewusstsein damals niedergeschlagen hat und uns heute bewegen kann. Durch das Licht, das auf die Vergangenheit gerichtet ist, werden Aberglaube, Irrglaube und Verzauberung der Welt zum Ballast der Geschichte. Wunder, Erbsünde und was bisher als geschichtliche Tatsache zu glauben war, ist wohl geschichtlich, hat aber mit Glauben nichts zu tun. Dass Konservative, am Altgewohnten Festhaltende in Opposition standen, wird jedem Nachdenkenden verständlich. Engstirnigkeit mit Scheuklappen und Vorurteile sind

Stolpersteine der Erkenntnis, und Aberglaube als Lebensbehinderung kennzeichnet leider die weitere Geschichte der Aufklärung bis heute.

Denken ist angesagt, wie es Addison, der englische Gegner „des Lasters und der Torheit" anmahnte. „Von Sokrates wurde gesagt, er hätte die Philosophie vom Himmel gebracht, um unter den Menschen zu wohnen; und ich möchte wohl wünschen, dass von mir gesagt würde, ich hätte die Philosophie aus den Studierstuben und Büchersälen, Schulen und Kollegien gebracht, damit sie in den Gesellschaften und Versammlungen, an den Teetischen und Cafeehäuser wohnen möchte". So der Mitbegründer des englischen Blatts „The Sectator" 1711.Was er will, ist ein offener Dialog auf allen Ebenen, bei dem die besten Argumente Anerkennung finden, aber auch die weniger einleuchtenden gehört werden. Ein solcher Dialog darf auch heute bestimmte Fragen nicht ausschließen, auch nicht aus Höflichkeit. Was für jemanden lebensprägend ist, worin sein Leben nach seiner Ansicht besteht, was er im Grunde glaubt, ist gewiss Privatsache. Es dürfte dennoch sein „wertvollster Besitz" sein. Sich respektvoll über Grundsatzfragen des eigenen wie des sozialen Lebens zu unterhalten, dürfte interessanter sein als über Urlaubsziele.

In der Aufklärung forderten Europas Intellektuelle bürgerliche Solidarität statt Fürstenwillkür und Untertanengeist. Respekt vor der mutigen Forderung! Hört sich gut an. Die Philosophie, das Denken über Fragen und Probleme der Gesellschaft ins Leben zu holen, heißt dann auch miteinander über die eigene politische Einstellung diskutieren. Leider gilt auch hier die „Anstandsregel", über Politik unterhält man sich nicht. Wer dagegen verstößt, wird nicht mehr eingeladen Der Wahlkampf mit seinen Plakaten füllt dann die Gesprächslücke aus. Die Krise der Demokratie ist nicht eine Krise des Systems, sie ist eine Krise des Intellekts. Die persönlichen wie gesellschaftlichen Probleme in aller Offenheit und Breite selbst besprechen, nicht bei

Diskussionen nur zuzuhören, so würde ein „Aufgeklärtes Zeitalter" (Kant) eingeleitet.

In jeder Bewegung gibt es Randerscheinungen, auch in der Aufklärung. Sogar ein französischer Priester, Jean Meslier, war im Geheimen ein Atheist, wie man im Nachhinein feststellte. Dennoch war der Atheismus in dieser Zeit keineswegs vorherrschend. Der bekannte Aufklärer Voltaire verkündete:"Wenn Gott nicht existierte, müsste man ihn erfinden".

In der Kulturgeschichte der Neuzeit wird die Welt zum Objekt der Wissenschaften, wobei der Glaube, die Welt ist vernünftig verfasst, eine Grundüberzeugung war.

Der Mensch wurde fast ausschließlich von der Vernunft her begriffen. Durch eine positivere Sicht der niederen Erkenntniskräfte (Augen, Ohren, Gefühl) wurde das durch Erfahrung gewonnene Wissen unumgänglich bedeutsam. Hier hat sich die Aufklärung selbst in Frage gestellt, fast möchte man sagen verkehrt.

Gott, die Freiheit des Menschen sowie seine Unsterblichkeit waren wie erratische Böcke auf dem Weg der Aufklärung.

Gott, der Mensch in seiner Freiheit, seine Unsterblichkeit sind bei Kant Erfordernisse (Postulate) des Menschseins überhaupt. Sie sind Bedingungen, um als Mensch leben zu können. Gewiss kann man heutzutage darüber streiten. Festzuhalten ist, dass Kant in einer langen Tradition steht, wovon sich ein modernes Denken auch nicht leichtfertig befreien soll oder kann.

Die Unsterblichkeit betrifft unser Thema. Es ist mehr oder weniger für eine Geschichtsbetrachtung interessant, was gewisse Aufklärer sich unter der Unsterblichkeit vorstellten. Dasselbe gilt auch für Kant. Wir leben heute unter den Gegebenheiten und Denkvoraussetzungen unserer Zeit. Alles, was das Sein nach dem Tode betrifft, ist deshalb von heute aus, unter den Bedingungen von Heute anzugehen.

Die Moderne - eine säkulare Welt

Die Welt, in der man lebt, ist gewöhnlich die, in die man hineingeboren wird. Sie hat gewisse Charakteristika, mit denen ein Mensch fertig werden kann. Unsere heutige Welt gilt als subjektiv, alles auf den Menschen hin verlaufend und von ihm ausgehend. Für uns ist diese Welt die Welt, in der wir leben. Sie hat Charakteristika oder Voraussetzungen, die zu unserem Schicksal als Voraussetzungen der Lebensgestaltung gehören.

Die naturwissenschaftlich wie geschichtlich verstandene Welt mit ihren Fakten blendet auf Grund ihrer beweiskräftigen Faktizität die wenig greifbare Lebenswelt aus. Wenn wir kritisch nachdenken, können wir feststellen: Neben der wissenschaftlichen Welt, die auch ein von uns verstandesmäßig erzeugtes Konstrukt ist und deren Subjektivität auch nicht unproblematisch ist (vgl. Unschärferelation), gibt es die existenzielle Welt. Nur in ihr stellen sich, heute meist nur in Krisensituationen, Fragen nach dem Lebenssinn und ähnliche Lebensfragen. Letztendlich überschattet all das Geschilderte, was unser Leben ausmacht oder bestimmt, die übernatürliche und übergeschichtliche, transzendente Wirklichkeit Gottes. An diese trotz allem zu glauben gibt dem Leben eine Bedeutung oder lässt es enden im Nichts.

Die wissenschaftlich-technische Welt ist zweckbestimmt. Wer diesen Weltbezug diskreditiert, missachtet mehrere Jahrhunderte hervorragender Denkleistungen mit Erfolgen, von denen wir überhaupt leben können, denn das Leben vieler Menschen wurde so erst ermöglicht. Wie Geld nicht glücklich macht, aber beruhigt, so beantworten Wissenschaft und Technik nicht die eigentlichen Fragen des Lebens, aber sie ermöglichen Menschen, auch in einem schwierigen Leben mit Misserfolgen nach Stunden oder Tagen des Wohlergehens, die durch Technik zivilisationsbedingt Zufriedenheit bescheren, dem Leben dennoch etwas abzugewinnen. In solchen Schicksalen stellt sich - ob bewusst oder indirekt - die Frage nach dem Sinn. Diese stellt sich besonders beim Verlust eines geliebten Menschen, oder wenn es um die eigene durch Krankheit wie Alter bedingte Todeserwartung geht.

Mit dem durch die Wissenschaften scheinbar oder gedanklich abgelösten transzendenten Gott, der zuvor die alles begründende Ursache und die den Tod überwindende Welt-Wirklichkeit war, wird der Sinn nun bisweilen im Leeren gesucht. Diesen Eindruck gewinnt man vor allem in der Gegenwart, in der sich vermeintliche Sinnerfüllungen vervielfachen.

Das ist auch verständlich, denn nach Aufklärung, nach Kant und dem Idealismus setzt sich, sicher durch das Entstehen der Biologie bedingt, ein neues Denken über den Menschen durch: der Rassismus. Wie dieser sachlich und zeitlich hier seine Wurzeln hat, so auch die Auffassung, den Menschen rein biologisch-animalisch zu sehen. Zwar zeigt sich dieses Denken auf völlig disparaten Gebieten, aber es führt zu ähnlichen Schlussfolgerungen. Der Mensch lebt wie alles Animalische, wobei es dabei durchaus verschieden zugehen kann, aber der Tod beendet dieses Leben gänzlich für immer. So Feuerbach, Marx, Engels, Freud, Nietzsche, Sartre. So eine über viele Jahre sich verbreitende Stimmung, wobei umfassende Denker wie Max Scheler, der das Geistige im Menschen betonte, wenig meinungsbildend wirkten.

Leben heißt hoffen

Die negativen Erfahrungen der sogen. Sinnvernichtung dürfen nicht als Argumente gegen jeglichen Sinn genommen werden. Denn, weder ist ein Leben nur glücklich, noch ist die leidvolle Heimsuchung eine das ganze Leben vernichtende, somit unglücklich machend. Auch der Tod vernichtet nicht jeglichen Sinn, denn durch ihn gewinnt die Lebenszeit durch die Unwiederholbarkeit, ihre unbedingte

Einmaligkeit, ihre Bedeutung. Hiermit wird der Schmerz nicht verharmlost. Leid empfinden und darüber nachdenken müssen getrennt werden. In dieser Sicht ist der Tod nicht sinnbedrohend oder sinnvernichtend. Dem Nachdenken zeigt er sich bei aller Schwernis durch die bedachte Einmaligkeit als Sinn verursachend. Die Frage ist: Haben alle Sinnbestimmungen einen letzten, absoluten Sinn, an dem all unsere Vorhaben und Anliegen, mit denen wir es zu tun haben, gemessen werden, um für uns dann als sinnvoll zu erscheinen? Dieser absolute Sinn kann nicht im relativ Persönlichen und Historischen, d.h. im lebensgeschichtlich Relativen zu finden sein, da er absolut gilt.

Diese Wirklichkeit ist eine jenseits von Raum und Zeit, die entweder, weil nicht feststellbar, für nichtig erklärt wird, oder als reale Möglichkeit angenommen werden kann. Diese transzendente Seinsmöglichkeit ist die geistige Dimension, in der eine letzte Sinnbestimmung über ein ganzes Leben endgültig Wirklichkeit werden kann. Das ist nicht unlogisch, nur für einen Materialisten inakzeptabel.

Interessant ist, was Schopenhauer, der in der Tradition der schärfsten Religionskritiker steht, zu unserem Gedankengang sagt: „Der Philosophie kommt die Aufgabe zu, das Leben in seiner ganzen Bedeutsamkeit zu erfassen." Diese Aufgabe kann als eine das menschliche Dasein als solches, d.h. in seiner Ganzheit zu bedenkende gesehen werden, aber auch als eine, die einen konkreten Menschen, eine bestimmte Person betrifft; und da stellt sich die Frage, was die ganze Bedeutsamkeit beinhaltet und damit ist.

Gewöhnlich geht man im Leben durch dick und dünn; das Leben hat Höhen und Tiefen, alltägliche Stunden wie auch solche mit mehr oder weniger tiefen Traurigkeiten. All das zu bedenken und eine überlegte, d.h. vernünftige Antwort zu geben, lässt ein Leben in unserem Denken rückblickend gedanklich im Geist lebendig werden. Dass man einmal gerne an uns denkt, dürfte der letzte Wunsch vielleicht sogar aller sein.

Lebensdeutungen sind immer relativ, sonst gäbe es nicht immer wieder neue Biographien, die man verstehen kann als Annäherungsversuche an ein endgültiges Urteil. Dieses nach dem Tod in der Transzendenz anzunehmen, dürfte demnach menschlichem Erkenntnis- und Urteilsbemühen entsprechen. Bewiesen ist damit die letzte, absolute Sinnbestimmung freilich nicht. Sie kann nur als nicht unvernünftig angenommen werden. Diese Lebenssicht ist zielbestimmt und entspricht völlig menschlicher Lebensausrichtung, in der es normalerweise immer um Ziele, die man anstrebt, geht.

Gott als Ziel des Lebens zu sehen, ist wie in einem dunklen Tunnel auf das Licht am Ende des Tunnels blicken und darauf zulaufen. Auch ein Stolpern und Fallen lässt sich in der Sicht auf dieses Ziel hin verschmerzen, indem man wieder aufsteht und weitergeht. Diese Lebenssicht dürfte nicht unrealistisch und auch nicht wenig optimistisch sein.

Ein Glaube an eine letzte Sinnbestimmung ist so niemals lebensfern, eher das Gegenteil. Er entspricht auch deshalb der Weltwirklichkeit, weil diese eine ist, in der alles, was ist, ständig wird, d.h. als ein Immer-Neu-Werden zu sehen ist. Altes macht einen Wandlungsprozess zum Noch-Nicht-Da-Gewesenen durch. Das gilt für menschliches Tun wie Denken, sonst gäbe es keine neuen Ideen, die bisweilen revolutionär, umstürzend sein können. Hier darf man doch fragen, weshalb sollte nicht auch ein absoluter Umwandlungsprozess möglich sein. Den anzunehmen ist nicht wirklichkeitsfern. Bedenken wir: Aus der bloßen Materie hat sich das Leben entwickelt, aus dem Leben der Geist. Diese sind absolute, nicht erklärbare Neuheiten. Was wirklichkeitsmöglich ist darf doch auch denkmöglich sein; und damit befinden wir uns nicht im Phantasialand. Wäre es anders, dann könnten wir unsere Überlegungen beenden. Wir nehmen etwas an, was immanent geschieht, auch als real möglich für die Transzendenz. So bleibt unser Denken wirklichkeitsgemäß.

Jetzt stellt sich zwangsläufig die Frage, was soll sich verändern, oder was bleibt in der Veränderung?

Also, wie ist es mit den Veränderungen? Zunächst soll die noch weiterwirkende Tradition der vergangenen Kulturepoche bedacht werden, weil sie sich bis heute im Bewusstsein niederschlägt und weil sie eine Alternative zur heutigen Daseinsdeutung ist und diese von daher gut erklärt.

Die vom Mittelalter bestimmte Religionsauffassung und Theologie sah das eigentliche Wesen des Menschen in seiner geistigen Seele, die unsterblich ist. Diese wird von Gott mit der Entstehung des Lebens als das Innerste des vergänglichen Leibes erschaffen. So besteht der Mensch aus Leib und Seele. Stirbt er, so geht die Seele, die eine geistige Selbständigkeit besitzt, für immer ins Jenseits, der Leib in die Erde.

Von einer Seele als geistiger Substanz ist heute nur noch in gewissen kirchlichen Kreisen die Rede. Die Psychologie, die ein „ähnliches Objekt" untersucht, spricht von Psyche und sieht das als seelisch geistiges Innenleben im Gegensatz zur körperlichen Verfasstheit des Menschen. Der Leib wurde in harten Kämpfen zwischen Altgläubigen und beginnender Chirurgie zum Körper als Objekt medizinischer Manipulationen; davon leben heute sehr viele, die schon längst gestorben wären.

Wie wir heute den Tod eines Menschen erleben und deuten, können wir an den verschiedenen Weisen des Totengedenkens erkennen. Kant sagt: „Wer im Gedächtnis seiner Lieben lebt, ist nicht tot, nur fern." Oder wie es in einer Todesanzeige, die sicher für viele spricht, heißt: "Aus unserem Leben bist du gegangen, in unserem Herzen lebst du weiter." Oder etwas kürzer: "Trauern heißt liebevolles Erinnern." Ich möchte, dass man sich einmal gerne an mich erinnert, ein solcher oder ähnlicher Wunsch wird immer wieder geäußert.

Es geht in der Erinnerung um einen ganz bestimmten

Menschen, den wir namentlich kennen und nennen. In unserem Bewusstsein bringen wir ihn gedanklich in seiner Einmaligkeit hervor. Was heißt das noch konkreter?

In der Erinnerung wird der Mensch, der gelebt hat, irgendwie in die Gegenwart versetzt. Das können wir nur im Denken, das wohl von der Phantasie begleitet wird. So wird der erinnerte Mensch ganz konkret. Dieses Gedenken ist nicht so, wie wenn ein Film abläuft, bei dem die Folge der Szenen aus einem Leben wegen der hektischen Aufeinanderfolge von Ereignissen eine gewisse Gleichgültigkeit erzeugt. In der Erinnerung, die einen gewissen kreativen Zug hat, wird ein bestimmter Mensch in seiner Einmaligkeit ins Gedächtnis gerufen. Der verstorbene Lebenspartner oder Freund ist dabei nicht einfach irgendein Mensch, wir nennen ihn mit seinem Namen. Und so ist er auch eine bestimmte, unverwechselbare Person für mich wie für die andern. Die Seinsweise dieser Erinnerung ist geistig, was man auch daran erkennen kann, dass diese das einmalig Charakteristische, das, was wir vielleicht nur mit, durch und bei dem Verstorbenen erlebt haben, in Gedanken vergegenwärtigt. Diese gedankliche Leistung ist gleichsam etwas Schöpferisches. Nichts Vergleichbares lässt sich im rein Biologischen finden, wohl Vorformen. Auch Säugetiere lernen, um leben und überleben zu können, gewisse Individualitäten, besser Besonderheiten. Die Einmaligkeit des Menschseins, die gedanklich, geistig geschaffen wird, ist mit der Ausgangspunkt für die Überlegung zu der Frage, was ist überhaupt nach dem Tod?

Eine Tatsache ist, mit dem Tod ist das Leben absolut zu Ende, und es gibt keine Auferstehung der Toten. Bis jetzt sind noch alle verwest. So wie ein Mensch, der tot ist und von uns gedanklich, geistig vergegenwärtigt wird, wird er im Geist Gottes vergeistigt. In diesem Zusammenhang wird die herkömmliche Analogie, der Vergleich Gott-Mensch, in ihrer Richtung umgedreht. Durch Partizipation des einzelnen Seienden am Sein Gottes findet gleichsam ein

Vergleich von unten nach oben statt. So beginnt in unserem Deutungsversuch der Vergleich beim einzelnen Seienden und tendiert zum göttlichen Sein.

Das konkret Historische, in dem sich menschliches Dasein vollzieht, öffnet eine Perspektive zur Transzendenz, wobei das Bedenken der Transzendenz nach wie vor im Vordergrund steht und die Antwort zukünftig bleibt. Deshalb kann man sagen, das konkrete Leben eines Menschen wird biologisch durch den Tod negiert, als erlebtes transformiert und als solches geistig konserviert. Der im Immanenten sich vollziehende Prozess des Werdens und Vergehens, der alles, was ist, kennzeichnet, darf auch auf den angenommen absoluten Wandlungsprozess vom Leben zum Sein nach dem Tod als geistige Neuschöpfung angenommen werden. Absolute Neuanfänge, die, weil sie geschichtlich immer relativ sind, zuvor nie Dagewesenes begründen, dürfen vielleicht als annehmbare Möglichkeit gelten. So kann ein Glaube eine vernünftige Grundlage haben, aber er bleibt dennoch ein Glaube. Worum es für uns Menschen von heute geht, ist, die absolute Transformation eines erlebten Lebens ins rein Geistige als vernünftige Möglichkeit zu erweisen. Das typisch Menschliche, hier das Erlebte, was den Menschen zur unverwechselbaren Person macht, ist primär geistig bestimmt. Und der Glaube, gleich welcher Art, ist auch geistig, selbst der von Materialisten, auch wenn sie es nicht wahrhaben wollen.

Glaubenshaltungen begleiten uns ein ganzes Leben bei allem Möglichen, was wir tun. Vielfach ist es einfach ein Vertrauen, dass das, was wir tun, klappt und einen Sinn hat für das weitere Leben. Dass es so wird, wie geglaubt, kann niemand mit Fug und Recht behaupten, d.h. beweisen. Nur unklug wäre es, diese Haltung des Vertrauens nicht zu haben.

Durch die Annahme einer Transformation des erlebten Lebens in den Geist Gottes wird dem unverwechselbaren Leben einer Person Rechnung getragen, nicht einer unpersönlichen Seelensubstanz, deren Annahme heute problematisch ist.

In unserem Denkversuch kann auch dem biblischen Glauben einer „Auferstehung des Leibes" nach heutigen Vorstellungen ein Sinn abgewonnen werden. Wir leben als Personen nicht abstrakt, sondern konkret, individuell. Und so sind wir, traditionell gesprochen, jeweils eine leib-seelische Ganzheit. Die Ganzheit ist hier betont. Wir erleben ganzheitlich leiblich und nicht eigentlich körperlich, wenn es auch sprachlich im Alltag durcheinander geht. Deshalb empfindet der Mensch wie ein Tier nicht einfach Schmerzen, er leidet.

So lässt sich unsere Leiblichkeit symbolisch für unsere Lebensgeschichte verstehen. Unsere menschliche Eigentlichkeit, die sich geschichtlich vollzogen hat, lässt sich darin durchaus denken. Ein neuzeitliches Hoffnungsdenken kann sich ebenfalls anschließen. Eine religiöse Auffassung einer Auferstehung des Leibes am Ende der Tage, ist für uns nichts sagende Mythologie, die einfach meint, wie der Anfang, so auch das Ende, bezogen auf die ganze Weltwirklichkeit.

Mit dem Weiterleben und der Auferstehung wird in der Religionsgeschichte im Allgemeinen das Gericht verbunden. Auch diese Vorstellung kann vernünftig interpretiert werden, wenn für ein Gerichtsurteil am Ende ein Sinn angenommen werden darf oder eine Bedeutung, nach heutiger Begrifflichkeit ein Wert. Was war denn nun das ganze Leben, wenn man es auf einen Nenner bringen will? Wir können versuchen eine Antwort zu geben; in Reden und Biographien tun wir das auch. Aber eine endgültige Antwort ist uns verwehrt. Diese endgültige Antwort dürfen wir von Gott erwarten, wenn er „richtet", nicht kleinbürgerlich juristisch, sondern in souveräner Intelligenz. Das Wort Gottes als Abschluss des Lebens entspricht der Würde des Menschen und der Geistigkeit Gottes.

Im Gegensatz zum agrarischen Zeitalter, das vor allem

erklären wollte, wieso die Welt so ist, wie sie ist, worauf der Schöpfungsglaube die Antwort gegeben hat, ist die heutige Einstellung und Fragerichtung zu den Welt- und Lebensverhältnissen eine völlig andere. Ein kurzer Rückblick, um im Kontrast das Heute zu verdeutlichen.

Man glaubte, der Mensch des vergangenen Zeitalters war so, wie er ist, von Gott geschaffen mit Leib und Seele; kurz gesagt, statisch begriffen vom Anfang, der Schöpfung her. Alles war so, wie es einmal am Anfang geschaffen wurde. Und die Begründung durch die platonische Idee vermittelte in diesem Zusammenhang kein anderes Weltbild. Der heutige Mensch hat Züge, wie sie Mirandolla beschreibt, und lebt ins absolut Offene hinein. Seine Lebensgestaltung lässt ihn erst zu dem werden, was er sein kann, und lässt ihn zu dem werden, was er am Ende ist.

Im Glauben des agrarischen Zeitalters war die Welt so hinzunehmen, wie sie ist. Die kleinen alltäglichen Schwierigkeiten gehörten mehr oder weniger fraglos zum Leben, auch der Tod. Über allem war Gott, und diese Gewissheit ließ die Menschen hoffen. Das hat sich grundlegend geändert. „Hilf dir selbst, dann hilft dir Gott." „Selbst ist der Mann". Simple Sprüche. Sie zeigen aber die Veränderung des Alltags im Gottesglauben, der vielleicht noch mehr als bisher erschüttert wird, z.B. beim Verlust eines lieben Menschen oder einer Totenfeier. Der Kulturfaktor Gott wie der Faktor Mensch ändern sich inhaltlich wie auch in ihren Bezügen. Worum es dabei wesentlich geht, sind Gegenwart und Zukunft. Bildlich gesprochen: Der Mensch des agrarischen Zeitalters dachte zum Anfang hin, der Mensch von heute ist ausgerichtet auf die Zukunft oder das offene Ende. Deshalb bewegt ihn die Hoffnung. Sie hilft zunächst auch Fragen des alltäglichen Lebens trotz aller Schwierigkeiten zu meistern. Aber es bleibt dennoch die das Leben als Ganzes betreffende offene Frage, was das Ganze ist und soll. Diese Frage zwar nicht ständig, aber immer wieder zu stellen, hilft im Leben, weil man eine Art von innerer Gewissheit hat, dass nichts umsonst war, ist und sein wird.

Was von uns bleibt, von dem in Raum und Zeit Erlebten, offenbart sich jenseits des Todes als die große Überraschung des Lebens.

Nachträgliche Überlegungen

In der ganzen Abhandlung war zum größten Teil von den Welt- und Lebensverhältnissen die Rede. Der Grund ist: Bei Fragen, die über das Leben hinausgehen, ist die Einschätzung der jetzigen Lebenswirklichkeiten als Ausgangspunkt für unsere Fragen von entscheidender Bedeutung. Nur so lässt sich über eine Perspektive ernsthaft nachdenken. Deshalb gilt auch hier, will man über Gott reden, dann redet man vor allem über den Menschen, denn nur vom Menschen aus gibt es eine Perspektive auf Gott. Die Geschichte wie Gegenwart kulturgeschichtlich zu sehen, hat sich keineswegs überlebt, da dies aufklärend wirkt. Die Veränderungen der jeweiligen kulturbestimmenden Faktoren erklären in ihrem Inhalt wie in ihren Bezügen problemgeladene Zeiten und erhellen Lebensfragen wie unsere. Trotzdem offenbart dieser Blick nur die halbe Wahrheit. Nicht der Blick auf und in die Vergangenheit, der nur sagen kann, was ist und vielleicht noch weshalb etwas ist, sondern das Jetzt ist das, worum es geht. Und dieses Jetzt weist primär auf das Kommende, auf die Zukunft. Daher bewirkt das Zieldenken Lebenszuversicht. Und in Bezug auf unsere Frage ermöglicht dieses Denken eine Hoffnung über das Jetzt und den Tod hinaus.
Im Mythos vom Sisyphos, den der französische philosophische Schriftsteller Camus aktualisiert hat, rollt die mythische Figur nach jedem Absturz des Steins diesen gleichsam ziellos immer wieder den Berg hinauf, obwohl er weiß, dass dieser wieder hinabrollt. Nach Camus verzweifelt Sisyphos nicht. Er ist sogar ein fröhlicher Mensch. Die Deutung des Mythos ist beeindruckend, dennoch halte ich sie für lebensfern. Erfolge gehören zum öffentlichen wie privaten Leben; und wenn sie im persönlichen Leben zu oft ausbleiben, dann ist guter Rat teuer, vielleicht eher Gelassenheit angesagt. Fröhlich sein ist hier zynisch, ähnlich wie am Lebensende, vor dem Sterben zu sagen: „komm

süßer Tod".

In Bezug auf unsere Frage, was ist nach dem Tod, ist zu beachten, dass das philosophische Denken in der Spätzeit der jüdischen und der Frühzeit der christlichen Religion die damalige Frage nach dem Tod und dem Weiterleben der Seele wesentlich beeinflusst, als Lehre gestaltet und für Jahrhunderte bestimmt hat.

Was für die Neuzeit zu bedenken ist, ist der Einfluss der spätmittelalterlichen Philosophie auf das Glaubensverständnis mit der Betonung der Einzelheit. Dieses Denken hat die Neuzeit begründet, die Reformation geprägt und die Aufklärung ermöglicht. So steht in dieser Zeit der Mensch als Individuum und Person im Mittelpunkt des Interesses. Sein ganzes menschliches Dasein, das gedanklich-geistig als in der Lebenszeit sich vollziehend begriffen wird, kann als vollzogen in der Transzendenz seiend gedacht werden. So begründet die Philosophie die Möglichkeit des geistigen Weiterseins. Wichtig ist, dass das Denken eine Möglichkeit begründet und nicht Widersprüche und Unmöglichkeiten aufzeigt.

Die Eingangsfrage ist von der Möglichkeit her positiv zu beantworten.

Der biblische Glaube kann aufbauend auf der im Denken aufgewiesenen Möglichkeit des Seins bei Gott das Gleichnis in Lk 15, 11-32 für den auf den Menschen „wartenden Vater" interpretieren. Da der verlorene Sohn konkret geschildert wird, kann vergleichsweise auch das Leben eines Menschen mit Erlebnissen und Charakteristika erläutert werden. In der Transzendenz gewinnen die charakteristischen Erlebnisse einen vielleicht bleibenden Wert in Gott.

Über den Autor

Werner Wagner, geb. 1931, Studium der Philosophie und Theologie als Dominikaner auf der Hochschule in Walberberg bei Bonn von 1952 bis 1960. Abschluss: Lektoratsdissertation "Offenbarungstat Gottes und Glauben des Menschen nach Karl Barth". Anschließend intensives Privatstudium ev. Theologie und vor allem der Werke des Religionsphilosophen Paul Tillich. Bedingt durch dessen Einfluss und die Situation nach dem Zweiten Vatikanum erfolgte 1966 der Übertritt in die ev. Kirche. Zwischenzeitlich Studium der Geschichte mit Abschlussexamen in Freiburg im Breisgau. Nachträglich Examen in Philosophie an der Universität Stuttgart. Von 1968 bis 1995 Lehrer der ev. Theologie, Geschichte und Philosophie im gymnasialen Schuldienst.